TARIF DES FRAIS

ET DÉPENS

29 DÉCEMBRE 1919

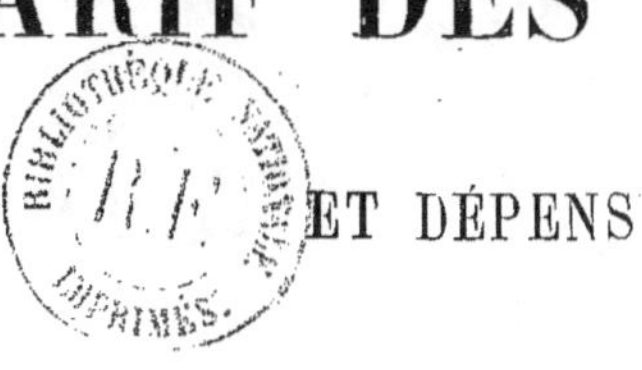

PARIS

TYPOGRAPHIE et LITHOGRAPHIE MAULDE, DOUMENC et Cⁱᵉ

144, rue de Rivoli, 144

1920

DÉCRET

Portant fixation du tarif des frais et dépens devant les tribunaux de première instance et les cours d'appel en ce qui concerne les avoués

---

Le Président de la République française,

Sur le rapport du garde des sceaux, ministre de la justice,

Vu le code de procédure civile, et notamment les articles 543, 544 et 1042 ;

Vu le premier décret du 16 février 1807 contenant le tarif des frais et dépens pour le ressort de la cour d'appel de Paris, modifié par celui du 26 décembre 1898 ;

Vu le deuxième décret du 16 février 1807 relatif à la liquidation des dépens ;

Vu le troisième décret du 16 février 1807 qui rend commun à plusieurs cours d'appel et tribunaux le tarif des frais et dépens de ceux de Paris et en fixe la réduction pour les autres ;

Vu l'ordonnance du 16 avril 1843 qui a déclaré le code de procédure civile exécutoire en Algérie ;

Vu le décret du 12 juin 1856 qui rend commun au tribunal de première instance et aux justices de paix de Marseille, le tarif des frais et dépens décrété le 16 février 1807 pour le tribunal de première instance et pour les justices de paix de Paris ;

Vu le décret du 30 avril 1862 qui rend commun à la cour d'appel, au tribunal de première instance et aux justices de paix de Toulouse, le tarif des frais et dépens réglé pour la cour d'appel, le tribunal de première instance et les justices de paix de Paris ;

Vu le décret du 13 décembre 1862 qui rend commun aux tribunaux de première instance et aux justices de paix de Lille et de Nantes, le tarif des frais et dépens réglé pour le tribunal de première instance et les justices de paix de Paris ;

Vu l'ordonnance du 10 octobre 1841 contenant le tarif des frais et dépens relatifs aux ventes judiciaires de biens immeubles ;

Vu la loi du 26 janvier 1892 portant fixation du budget des dépenses et des recettes de l'exercice 1892, et notamment l'article 21 ;

Vu la loi du 23 octobre 1884 sur les ventes judiciaires d'immeubles ;

Vu le décret du 0 mai 1893 portant règlement d'administration publique en exécution de l'article 4 de la loi du 16 mars 1893 relative à la publicité à donner aux décisions prononçant une interdiction ou nommant un conseil judiciaire ;

Vu la loi du 24 décembre 1897 relative au recouvrement des frais dus aux notaires, avoués et huissiers ;

Vu le décret du 26 décembre 1898 relatif aux copies de pièces ;

Le conseil d'État entendu,

Décrète :

TITRE PREMIER

Droits et émoluments alloués aux avoués des tribunaux
de première instance

ART. 1er. — Dans toute instance contradictoire ou par défaut, en matière sommaire ou ordinaire.

Il est alloué aux avoués en cause, indépendamment de leurs déboursés :

1° Un droit fixe ;

2° Un droit proportionnel.

Ces deux droits, qui peuvent être perçus ensemble ou séparément, constituent la seule rémunération due à l'avoué pour tous les actes de procédure, original et copie et vacations de toute nature, y compris l'obtention et la levée du jugement définitif.

L'obtention d'un jugement comprend la rédaction et la signification des qualités, leur règlement, la signification du jugement à avoué et à partie et le certificat de signification dudit jugement.

CHAPITRE PREMIER

Instances sur demandes principales

SECTION PREMIÈRE

Instances contradictoires

§ 1er. — Droit fixe

ART. 2. — Le droit fixe peut être alloué en totalité ou par fractions.

Il est de 50 francs dans les instances contradictoires.

Ce droit est réduit de moitié dans l'un des cas suivants :

1° Lorsque l'intérêt du litige n'excède pas 1.500 francs; 2° si la demande n'est pas contestée; 3° si le jugement est rendu sur requête et 4° dans les affaires relatives aux accidents du travail.

ART. 3. — Il n'est dû qu'un droit fixe par avoué dans une même cause.

Sont considérées comme formant une même cause toutes les demandes introduites séparément, mais sur lesquelles, par suite de jonction, il est statué par un seul et même jugement.

S'il y a plus de deux parties dans une instance sur demande principale, le droit fixe perçu par l'avoué qui a suivi ou conclu contre plusieurs parties, est élevé de moitié par chacune de ces parties, en sus de la première et jusqu'à concurrence de trois, pourvu qu'elles aient des avoués différents et des intérêts distincts.

§ 2. — Droit proportionnel

Art. 4. — Ce droit est proportionnel à l'intérêt du litige. Il est fixé comme suit :

Jusqu'à 2.500 fr.	3 %
Sur l'excédent jusqu'à 5.000 fr.	2, 50 %
Sur l'excédent jusqu'à 10.000 fr.	2 %
Sur l'excédent jusqu'à 20.000 fr.	1 %
Sur l'excédent jusqu'à 100.000 fr.	0, 50 %
Sur l'excédent jusqu'à 300.000 fr.	0, 25 %
Sur l'excédent jusqu'à 1 million	0, 10 %
Sur l'excédent au dessus de 1 million, indéfiniment	0, 05 %

Art. 5. — Le droit proportionnel est calculé sur le montant des conclusions tant principales qu'incidentes et reconventionnelles, déduction faite de la partie de ces conclusions qui n'a pas été soutenue.

Art. 6. — L'intérêt du litige est déterminé à défaut d'éléments d'appréciation résultant de la demande elle-même :

1° Pour les demandes en exécution ou résiliation de baux :

Par une valeur égale au montant cumulé des loyers ou fermages soit échus, soit à échoir, sans toutefois que le chiffre global sur lequel doit porter le droit proportionnel soit supérieur à cinq années.

2° Pour les demandes en constitution de rente viagère ou en résiliation du contrat :

Par le capital exprimé au titre ou par une valeur égale à dix fois la rente annuelle demandée ou déjà existante, ou au montant cumulé des annuités si la durée de la rente est inférieure à dix années.

3° Pour les demandes relatives aux rentes ou pensions dérivant soit d'accidents du travail, soit de l'obligation alimentaire en vertu des articles 205 et suivants du code civil :

Par une valeur égale à quatre fois la rente annuelle demandée jusqu'à 250 fr. et pour le surplus par une valeur égale à quatre fois le chiffre résultant de la condamnation.

4° Pour les demandes relatives aux contrats d'assurances de toute nature :

Par une valeur égale au montant cumulé soit des primes échues, soit des arrérages restant à courir, sans toutefois que cette valeur globale excède dix années.

5° Pour les demandes relatives à des prestations en nature :

Par l'évaluation faite pour la perception du droit d'enregistrement.

Art. 7. — La valeur d'un immeuble, lorsqu'elle n'est pas exprimée dans l'acte, est obtenue en multipliant le revenu annuel par vingt-cinq pour les immeubles ruraux et par vingt pour les immeubles urbains.

L'usufruit et la nue propriété sont respectivement évalués à la moitié de la valeur de l'immeuble.

Art. 8. — Pour les demandes portant sur un intérêt pécuniaire. lorsque l'intérêt du litige ne peut être établi d'après les bases indiquées aux articles précédents, le droit proportionnel est évalué provisoirement par une déclaration que font les avoués de la cause au moment de la mise au rôle, de la manière et dans les formes prescrites par la chambre de discipline et sous son contrôle.

Pour les demandes dont l'objet principal n'a pas trait à des intérêts pécuniaires et notamment pour celles concernant l'état-civil, les droits civils et civiques et la capacité juridique des personnes, l'évaluation ci-dessus est faite eu égard aux difficultés de l'affaire.

En cas de divergence entre les avoués de la cause, la Chambre donne son avis.

Lorsque l'instance se termine sans jugement, l'évaluation des avoués ou l'avis de la Chambre sont appréciés par le président du Tribunal saisi, si les parties le demandent. Lorsque l'instance se termine par une décision judiciaire, l'appréciation du président est obligatoire et mention de cette appréciation est portée au plumitif. Dans tous les cas, le droit à la taxe demeure réservé.

Art. 9. — Le droit proportionnel tel qu'il est prévu dans l'article précédent ne peut être inférieur à 100 francs ni supérieur à 1.500 francs. Toutefois, dans les affaires d'appel de justice de paix, ce minimum est fixé à 70 francs.

Ce droit est augmenté de moitié en cas de demande reconventionnelle.

Art. 10. — Lorsque plusieurs demandes fondées sur une même cause et dirigées soit contre une même partie, soit contre des parties différentes ont été introduites séparément, au lieu d'être réunies dans le même exploit, le droit proportionnel n'est dû que sur celle des demandes procurant l'émolument le plus élevé.

Art. 11. — L'intérêt du litige est déterminé par le chiffre de la demande jusqu'à 5.000 francs et, pour le surplus, par le chiffre de la condamnation dans les demandes principales en dommages-intérêts qui ne résultent d'aucune convention.

Lorsque la demande en dommages-intérêts est soit l'accessoire d'une demande principale, soit l'objet ou l'accessoire d'une demande reconventionnelle, elle entre en ligne de compte pour le calcul de l'émolument, mais jusqu'à concurrence seulement du chiffre de la condamnation.

Art. 12. — Sauf le cas prévu au deuxième paragraphe de l'article précédent, n'est pas soumise au droit proportionnel la demande qui est l'accessoire d'une demande principale, lorsqu'elle est formée au cours d'une instance rémunérée par un droit de même nature.

Art 13. — Le droit proportionnel est réduit, pour chaque avoué et par cause :

1° D'un tiers si, après l'appel d'un jugement avant faire droit ou sur incident, la cour, évoquant l'affaire statue au fond.

2° De moitié :

A. Si la demande n'est pas contestée ;

B. Si le défendeur s'en est rapporté à justice.

Art. 14. — Pour les appels des jugements interlocutoires rendus par les juges de paix, il est alloué :

Le droit fixe ;

Le quart du droit proportionnel et avec minimum de 7 fr. 50 lorsque l'appel porte une question de compétence.

SECTION II

Instances par défaut

Art. 15. — Il est alloué pour tous les actes de procédure y compris l'obtention et la levée des jugements par défaut :

1° Contre partie : la moitié du droit fixe, le quart du droit proportionnel.

2° Contre avoué : le droit fixe, le quart du droit proportionnel.

Art. 16. — Il est alloué pour l'obtention et la levée d'un jugement de défaut profit joint :

Le quart du droit fixe.

3

Art. 17. En cas d'opposition au jugement par défaut, les droits alloués ci-dessus sont imputés sur les droits de même nature alloués pour le jugement définitif, sans que l'avoué puisse être tenu à restitution en cas d'excédent.

Art. 18. — Les dispositions de l'article 17 sont applicables au cas où le jugement sur l'opposition est lui-même rendu par défaut.

SECTION III

De la tierce opposition et de la requête civile

Art. 19. — La tierce opposition et la requête civile donnent lieu aux mêmes droits que les instances sur demandes principales.

CHAPITRE II

Incidents

§ 1ᵉʳ. — Exceptions, nullités et fins de non-recevoir

Art. 20. — Dans toute instance contradictoire ou par défaut, s'il y a jugement distinct sur l'incident, et pour tous actes et formalités jusques et y compris la levée dudit jugement.

Il est alloué à chacun des avoués en cause :

§ 1ᵉʳ. — Pour les incidents ci-après :

1° Déclinatoires fondés sur l'incompétence, la connexité, la litispendance, la parenté ou l'alliance.

2° Exceptions de nullité d'exploits ou d'actes de procédure.

3° Incidents de garde d'enfant de pension et de provision d'exécution ou d'interprétation de jugement, de péremption d'instance non suivie de désistement, ou contestée.

4° Demandes en liquidation de dommages-intérêts ou de fruits.

Le droit fixe de 25 francs.

§ 2. — Pour tous autres incidents non énumérés dans le paragraphe précédent ou non prévus dans les articles suivants :

Le droit fixe de 20 francs.

§ 2. — Garantie, intervention

ART. 21. — Les avoués des parties intervenantes (que leur intervention soit volontaire ou forcée) et ceux des parties appelées en garantie ont droit aux émoluments alloués dans les instances sur demandes principales.

L'avoué qui appelle en garantie ou en intervention reçoit, outre les émoluments qui peuvent lui être dûs au titre de la cause principale.

La moitié des droits fixe et proportionnel, quel que soit le nombre des appelés.

§ 3. — Désistement, transaction

ART. 22. — § er. 1 — Pour toute affaire terminée par désistement ou pour toute autre cause, avant que les conclusions aient été signifiées et déposées ou avant qu'un jugement par défaut soit intervenu.

Il est alloué :

Le quart du droit fixe ;

Et, s'il y a transaction avec le concours de l'avoué :

Le quart des droits fixe et proportionnel.

Ces droits sont également acquis à l'avoué, en matière d'accidents du travail, lorsque l'affaire se termine par un accord.

§ 2. — Si l'affaire est terminée après conclusions prises et signifiées avant ou après plaidoirie, avec ou sans jugement préparatoire.

Il est alloué:

Les trois quarts des droits fixe et proportionnel.

§ 4. — Mesures d'instruction

Art. 23. — Dans toutes instances contradictoires ou par défaut, y compris les instances relatives aux accidents du travail, lorsqu'elles nécessitent, avant faire droit, une mesure d'instruction, de quelque nature qu'elle soit.

Il est alloué à l'avoué qui lève le jugement :

Le droit fixe de 15 francs.

Art. 24. — Si les mesures ordonnées comportent l'assistance de l'avoué :

Il est alloué à chacun des avoués, pour l'accomplissement des formalités et actes de procédure relatifs à la mesure ordonnée :

Le droit fixe de 30 francs.

Ce droit est réduit de moitié :

1° Si le jugement est rendu par défaut.

2° Lorsque l'intérêt du litige n'excède pas 1.500 francs.

3° Dans les affaires relatives aux accidents du travail.

L'allocation est perçue par les avoués qui assistent les parties, s'il est procédé à la mesure d'instruction devant un autre tribunal.

CHAPITRE III

Demandes en partage et en homologation

Art. 25. — Pour les actes de la procédure jusques et y compris l'obtention et la levée du jugement contradictoire, par défaut ou sur requête collective qui n'a d'autre objet que d'ordonner les comptes, liquidation et partage d'une communauté, d'une succession, d'une société, et, en général, de toute indivision, la licitation des valeurs mobilières ou immobilières, ainsi que la liquidation des reprises et indemnités après décès :

§ 1er. — Si la demande n'est pas contestée ou lorsque la contestation porte exclusivement sur la forme du partage ou la manière d'y procéder, le droit fixe de 50 francs est seul alloué à chacun des avoués en cause.

§ 2. — Dans le cas contraire, les droits perçus sont ceux d'une instance contradictoire ou par défaut calculée sur les sommes contestées.

Art. 26. — Pour l'homologation d'une liquidation, que le jugement rendu soit contradictoire, par défaut ou sur requête collective, y compris le tirage au sort des lots devant le juge-commissaire ou devant le notaire :

§ 1er. — Si la liquidation n'est pas contestée :

Il est alloué à chacun des avoués en cause :

Le droit fixe de 25 francs.

§ 2. — Si la liquidation est contestée, les droits à percevoir par les avoués, demandeur et défendeur, sont les droits d'une instance contradictoire ou par défaut, calculés sur les sommes contestées.

Art. 27. — Si la liquidation ordonnée faite et approuvée, n'est pas soumise à l'homologation, il est alloué aux avoués le droit fixe prévu au paragraphe 1er de l'article 26.

CHAPITRE IV

Ventes judiciaires de meubles ou d'immeubles

SECTION PREMIÈRE

Emoluments dans les diverses espèces de ventes

§ 1ᵉʳ. — Nature et taux des émoluments

ART. 28. — Il n'est passé aucun émolument pour les ventes judiciaires de meubles ou d'immeubles, auxquelles il est procédé conformément aux dispositions du code civil ou du code de procédure civile lorsque le montant de l'adjudication n'excède pas 500 francs.

Les avoués n'ont droit qu'à la répétition de leurs déboursés dûment justifiés.

ART. 29. — Lorsque le montant de l'adjudication excède 500 francs.

Il est alloué à l'avoué poursuivant :

Sur le prix des biens adjugés, pour les actes de la procédure, avec ou sans expertise, la rédaction du cahier des charges et l'accomplissement des diverses formalités prescrites par la loi pour parvenir à l'adjudication, l'un des droits fixes et le droit proportionnel qui sont fixés comme suit :

1° En matière de vente sur saisie immobilière. non suivie de conversion :

	DROIT proportionnel p. 100	DROIT FIXE
	fr. c.	fr.
Jusqu'à 10.000 fr. (y compris les premiers 500 fr.) ..	2 »	50
Sur l'excédent jusqu'à 20.000 fr................	1 50	80
Sur l'excédent jusqu'à 30.000 fr.	1 »	100
Sur l'excédent jusqu'à 50.000 fr.................	0 50	120
Sur l'excédent jusqu'à 500.000 fr....	0 25	140
Sur l'excédent au-dessus de 500.000 fr. indéfiniment.	0 15	160

2° Dans toutes les ventes judiciaires autres que celles sur saisie immobilière non suivie de conversion, sur surenchère ou sur folle enchère :

	DROIT proportionnel p. 100	DROIT FIXE
	fr. c.	fr.
Jusqu'à 10.000 fr. (y compris les premiers 500 fr.)..	2 50	50
Sur l'excédent jusqu'à 20.000 fr......	2 »	80
Sur l'excédent jusqu'à 100.000 fr................... .	1 »	100
Sur l'excédent jusqu'à 300.000 fr...................	0 75	120
Sur l'excédent jusqu'à 1 million...................	0 50	140
Sur l'excédent indéfiniment...................	0 25	160

§ 2. — Baisse de mise à prix

Art. 30. — En cas de baisse de mise à prix, il est alloué, en sus des droits prévus par l'article précédent, calculés sur le prix d'adjudication définitif, à l'avoué poursuivant, pour les formalités de la nouvelle mise en vente, y compris l'obtention et la levée du jugement :

Le droit fixe de 25 francs.

§ 3. — Surenchère

Art. 31. — En matière de surenchère, quelle que soit la vente.

Il est alloué à l'avoué poursuivant :

Le droit fixe et le droit proportionnel calculés sur la différence entre les deux prix d'adjudication, cette différence étant considérée comme prix principal.

Le droit fixe sera réduit des trois quarts si la différence résultant de la surenchère est inférieure à 500 francs, de moitié lorsqu'elle est inférieure à 1.000 francs et d'un quart lorsqu'elle est inférieure à 2.000 francs.

Art. 32. — Pour obtenir le jugement qui valide la surenchère.

Il est alloué à l'avoué poursuivant :

Le droit fixe de 50 francs.

Ce droit est réduit de moitié lorsque la différence résultant de la surenchère est inférieure à 500 francs.

§ 4. — Folle enchère

Art. 33. — En matière de folle enchère.

Il est alloué à l'avoué poursuivant :

La moitié du droit fixe et le tiers du droit proportionnel, lesdits droits calculés sur les prix de la nouvelle adjudication.

Ces droits comprennent l'émolument du référé, en cas d'opposition à la délivrance, par le greffier, du certificat constatant l'inexécution des conditions de l'adjudication.

SECTION II

Adjudication

Art. 34. — En matière d'adjudication immobilière, pour la déclaration d'adjudicataire et celle de command, l'accomplissement de toutes les formalités jusques et y compris la levée, la transcription du jugement d'adjudication et la réquisition des états hypothécaires,

Il est alloué sur le prix d'adjudication de chaque lot, ou sur leur réunion, si l'adjudication a lieu pour un prix unique :

Le droit fixe de 15 francs.

Un droit proportionnel :

Jusqu'à 5.000 fr., de................ 1 » °/₀
Sur l'excédent, jusqu'à 25.000 fr., de... 0 75 °/₀
Sur l'excédent, jusqu'a 50.000 fr., de... 0 50 °/₀
Sur l'excédent, jusqu'à 1 million, de. .. 0 25 °/₀
Sur l'excédent au-dessus de 1 million,
    indéfinimeut, de................ 0 10 °/₀

Aʀᴛ. 35. — Si l'adjudicataire sur licitation est un colicitant, le droit proportionnel est réduit de moitié.

Art. 36. — En cas de déclaration de command, le droit proportionnel alloué à l'avoué qui se rend adjudicataire se partage, par égales portions, entre l'avoué de l'adjudicataire primitif et l'avoué du command.

SECTION III

Vente renvoyée devant notaire

Aʀᴛ. 37. — En cas de renvoi devant notaire, dans toute espèce de vente mobilière ou immobilière,

Il est alloué à l'avoué, outre les déboursés et les frais de voyage :

Le droit fixe ;

Le quart du droit proportionnel, fixé par l'article 29, n° 2, les trois quarts revenant au notaire.

SECTION IV

Vente renvoyée devant un autre tribunal

Aʀᴛ. 38. — Si la vente est renvoyée devant un autre tribunal,

Il est alloué :

Le droit fixe ;

Le droit proportionnel, dont le montant appartient pour moitié aux avoués qui procèdent à la vente, la seconde moitié étant attribuée aux avoués qui obtiennent le jugement.

SECTION V

Dispositions communes à toutes les ventes

Art. 39. — Le montant du droit proportionnel, lorsqu'il y a lieu à partage, appartient, à l'exclusion de l'avoué du fol enchérisseur :

§ 1er. — Si la vente a lieu après conversion de saisie :

Aux avoués du créancier saisissant et de la partie saisie par moitié.

§ 2. — Dans toute autre vente :

Moitié à l'avoué poursuivant, demandeur ou surenchérisseur ;

La seconde moitié aux autres avoués, par égales fractions, y compris l'avoué poursuivant qui a sa part, comme les autres, dans cette seconde moitié.

Art. 40. — Il est alloué à chacun des avoués défendeurs la moitié du droit fixe accordé à l'avoué poursuivant.

Art. 41. — Dans les ventes mobilières et immobilières ordonnées en référé ou sur requête, le droit fixe de 25 francs est alloué pour l'obtention et la levée de la décision rendue.

Art. 42. — § 1er. — En cas de vente par lots. lorsque les lots sont composés d'immeubles distincts, le droit fixe est augmenté, pour chaque avoué, d'un dixième par lot, mais seulement jusqu'à concurrence de quatre lots ; et le droit proportionnel est calculé séparément sur le prix d'adjudication de chaque lot.

§ 2. — Il est calculé sur le prix des lots réunis, si l'adjudication a lieu après réunion totale ou partielle des lots mis en vente

§ 3. — Lorsque les lots sont composés de valeurs mobilières et

autres droits incorporels, le droit proportionnel est calculé sur la
totalité du prix d'adjudication des lots sans augmentation du droit
fixe.

§ 4. — Lorsque l'adjudication comprend des immeubles et des
meubles, le prix des objets mobiliers vendus avec les immeubles
s'ajoute au prix des immeubles pour le calcul des droits.

SECTION VI

Incidents

ART. 43. — § 1ᵉʳ. Tout incident dans une procédure de vente ou
de saisie, s'il n'a pas le caractère d'une instance sur demande principale, donne lieu aux émoluments alloués par l'article 20, § 1ᵉʳ.

§ 2. — A défaut d'éléments d'appréciation résultant du litige lui-
même, l'intérêt en est fixé par le chiffre de la créance du demandeur
ou du poursuivant.

§ 3. —Ne sont pas considérés comme incidents la baisse de mise
à prix et la conversion de saisie

SECTION VII

Abandon de la procédure

ART. 44. — Lorsque la procédure de vente est arrêtée :

§ 1ᵉʳ. — Avant le dépôt du cahier des charges,

Il est alloué :

A l'avoué poursuivant :

La moitié du droit fixe.

A chacun des autres avoués :

Le quart du même droit.

§ 2. — Après le dépôt du cahier des charges,

Il est alloué :

A l'avoué poursuivant :

Le droit fixe.

A chacun des autres avoués :

La moitié du même droit ;

Et, à répartir entre eux, conformément à l'article 38 :

Le quart du droit proportionnel établi d'après le chiffre de la mise à prix.

Art. 45. — Si la procédure de vente est reprise entre les mêmes parties, il est alloué un nouveau droit fixe et le complément du droit proportionnel.

CHAPITRE V

Purge des hypothèques

Art. 46. — Il est alloué, en matière de purge d'hypothèques légales :

Pour l'accomplissement de toutes les formalités, y compris l'obtention du certificat des hypothèques :

Le droit fixe de 25 francs ;

Un droit proportionnel avec minimum de 25 francs, calculé sur le prix de l'immeuble ou sur la totalité du prix des lots :

Jusqu'à 50.000 fr., de............... 0 20 %

Sur l'excédent, au-dessus de 50.000 fr.,
indéfiniment..................... 0 10 %

Art. 47. — Il est alloué, en matière de purge d'hypothèques inscrites :

Pour l'accomplissement de toutes les formalités, y compris la composition de l'extrait à dénoncer aux créanciers inscrits :

Le droit fixe de 25 francs ;

Un droit proportionnel calculé sur le prix de l'immeuble ou sur la totalité du prix des lots :

Jusqu'à 20.000 fr. de.................. 0 50 °/₀

Sur l'excédent, jusqu'à 50.000 fr., de... 0 25 °/₀

Sur l'excédent, au-dessus de 50.000 fr.,
    indéfiniment..................... 0 15 °/₀

CHAPITRE VI

Ordres et Contributions

Art. 48. — En matière de contribution, d'ordre amiable ou judiciaire, ou de distribution de prix d'immeuble par instance sur demande principale, pour l'accomplissement de toutes les formalités prescrites par le code de procédure civile, depuis l'ouverture de l'ordre jusqu'à la clôture définitive des opérations et de la procédure, y compris la procédure d'expertise en cas de ventilation du prix de plusieurs immeubles vendus collectivement et le dépôt de toutes pièces au bureau des hypothèques,

Il est alloué :

§ 1ᵉʳ. — A l'avoué poursuivant ou demandeur quel que soit le nombre des avoués en cause, les droits fixe et proportionnel prévus par les articles 2 et 4, calculés sur le montant de la somme en distribution.

§ 2. — A l'avoué de chaque créancier produisant ou défendeur, même s'il est déjà rémunéré comme avoué poursuivant l'ordre :

La moitié des droits fixe et proportionnel calculés sur le montant du bordereau de collocation.

Art. 49. — L'avoué produisant, dont la demande en collocation n'est pas placée en rang utile ou est rejetée, ne perçoit que le droit fixe de 15 francs.

Art. 50. — En cas de règlement amiable, si le procès-verbal est soumis à l'homologation,

Il est alloué à l'avoué poursuivant ou demandeur :

Le droit fixe de 25 francs.

Art. 51. — En cas de contestation, et pour tous les incidents portant sur le fond du droit,

Il est alloué :

§ 1er. — A l'avoué qui suit l'audience :

Le droit fixe de 50 francs prévu par l'article 2, augmenté d'un dixième par chaque partie en cause ;

Le quart du droit proportionnel prévu par l'article 4, calculé sur l'ensemble des créances contestées.

§ 2. — A chacun des autres avoués contestants ou contestés, y compris celui de la partie saisie :

Le quart des droits fixe et proportionnel calculés sur le chiffre contesté de la créance.

Art. 52. — En matière de contribution, l'avoué le plus ancien et, en matière d'ordre, l'avoué du dernier créancier colloqué reçoivent la moitié du droit fixe.

Art. 53. — Les incidents de procédure sont tarifés comme il est dit à l'article 20.

Art. 54. — Pour obtenir l'ordonnance de prélèvement au profit du propriétaire,

Il est alloué aux avoués en cause :

Le droit fixe de 20 francs.

Art. 55. — Pour la libération prononcée au cour de la procédure et pour l'accomplissement de toutes les formalités prescrites par le code de procédure civile jusqu'à la radiation des inscriptions,

Il est alloué, sur le montant de la somme consignée, un émolument :

Jusqu'à 2.000 fr. de..................	0 75 °/₀
Sur l'excédent, jusqu'à 50.000 fr. de....	0 25 °/₀
Sur l'excédent, au-dessus de 50.000 fr. indéfiniment......................	0 15 °/₀

CHAPITRE VII

Procédures diverses

SECTION PREMIÈRE

Chambre du conseil

Art. 56. — Pour tous les actes de procédure en chambre du conseil, à l'exclusion des demandes formées en matière de partage, de vente d'immeubles et d'homologation, lesquelles sont régies par les dispositions du chapitre III,

Il est alloué :

§ 1er. — Pour toute requête tendant soit à la nomination d'un curateur, administrateur, séquestre ou mandataire de justice, soit à la nomination du jury d'expropriation,

À l'avoué demandeur :

Le droit fixe de 25 francs.

§ 2. — Pour toute autre demande, si la décision relève de la juridiction gracieuse, à chacun des avoués en cause le droit fixe de 30 francs. Si la décision contradictoire ou par défaut intervient en matière contentieuse, le droit fixe de 30 francs et en sus, le quart du droit proportionnel calculé ainsi qu'il est dit aux articles 4 à 9 du présent décret.

§ 3. — Le droit proportionnel n'est pas dû si l'instance a pour objet d'habiliter un incapable ou son représentant à ester en justice sur une demande à former ou déjà formée.

§ 4. — En cas d'opposition à taxe, il est alloué pour tous les actes de cette procédure, y compris l'obtention et la levée de la décision rendue, un droit fixe de 10 francs.

Art. 57. — Les droits fixes prévus par les articles 23 et 24 sont alloués si une mesure d'instruction est ordonnée.

SECTION II

Délivrance de legs et envoi en possession

Art. 58. — Pour la demande en délivrance de legs universel, à titre universel ou particulier,

Il est alloué :

§ 1er. — Si le legs donne lieu à contestation :

L'émolument fixé pour les instances contradictoires ou par défaut.

§ 2. — Dans le cas contraire,
Le droit fixe de 25 francs.

ART. 59. — Pour la requête d'envoi en possession prévue par l'article 1008 du code civil, y compris l'obtention de l'ordonnance,
Il est alloué :
Le droit fixe de 25 francs.
En cas de rejet de la requête :
Le droit fixe de 10 francs.

ART. 60. — S'il s'agit de l'envoi en possession d'un successeur irrégulier,
Il est alloué, pour l'obtention et la levée du jugement prescrivant les formalités préalables :
Le droit fixe de 20 francs.
Pour le jugement d'envoi en possession définitif :
Le droit fixe de 30 francs.

SECTION III

Ordonnances sur référés

ART. 61. — Il est alloué, jusques et y compris la levée de l'ordonnance :

§ 1er. — Dans les référés sur placets contradictoires ou par défaut,
A chacun des avoués en cause :
Le droit fixe de 25 francs.

§ 2. — Dans les référés sur procès-verbaux :

Le droit fixe de 10 francs.

§ 3. — Dans les matières où le juge a le droit de statuer sur les dépens, ou si le référé est renvoyé à l'audience :

La moitié de l'émolument fixé pour les instances contradictoires ou par défaut, sans que l'émolument puisse être inférieur à celui prévu par le paragraphe 1er.

Art. 62. — Pour assistance dans les mesures d'instruction ordonnées par le juge.

Il est alloué à chacun des avoués en cause :

§ 1er. — Si les mesures d'instruction sont suivies d'une instance,

Le droit fixe de 15 francs.

§ 2. — Dans le cas contraire :

Le droit fixe de 25 francs.

SECTION IV

Ordonnances sur requêtes

Art. 63. — Pour toute requête, présentée, soit en dehors, soit comme préliminaire d'une instance, si l'assignation n'est pas délivrée, il est alloué le droit fixe de 10 francs.

SECTION V

Acceptations et renonciations

Art. 64. — Pour assistance aux actes d'acceptation ou de renonciation de succession, de communauté ou de legs, y compris la rédaction du pouvoir,

Il est alloué :

Le droit fixe de 10 francs.

Ce droit ne peut être perçu plusieurs fois, quel que soit le nombre des acceptants ou des renonçants, s'il s'agit de la même succession ou communauté et si les formalités ont été remplies le même jour.

SECTION VI

Matières diverses

§ 1er. — Affaires criminelles et correctionnelles

Art. 65. — Si une partie se fait assister par un avoué devant la juridiction criminelle ou correctionnelle,

Il est alloué à cet avoué la moitié du droit fixe et le quart du droit proportionnel accordés par le présent tarif en matière civile, à la condition que l'assistance ait été reconnue nécessaire par le Tribunal.

§ 2. — Bordereaux hypothécaires

Art. 66. — § 1er. — Pour la rédaction d'un bordereau d'inscription hypothécaire ou de renouvellement, dressé en exécution d'un jugement, d'un acte notarié ou de la loi,

Il est alloué :

Jusqu'à 20.000 fr.................... 0 10 %

Sur l'excédent, au-dessus de 20.000 fr.
indéfiniment........................ 0 05 %

Minimum : 6 francs.

§ 2. — Si l'inscription doit être prise ou renouvelée dans plusieurs bureaux, l'émolument est de 6 francs par bureau en sus du premier.

CHAPITRE VIII

Déboursés

Art. 67. — Le tarif ne comprend que l'émolument net des avoués ; les déboursés sont payés en sus.

Sont comptés comme déboursés, notamment :

1° Les frais de papeterie et d'impression autorisés par délibérations régulières des cours et des tribunaux.

2° Les copies ou extraits de pièces à signifier. s'il s'agit de jugements, actes de procédure, actes notariés ou sous-seing privé, procès-verbaux, expéditions de toute espèce, délivrés tant par les greffiers que par tous les autres fonctionnaires ou officiers publics.

3° La copie collationnée, prévue à l'article 2194 du code civil, et les copies de l'extrait à dénoncer aux créanciers inscrits.

4° Les frais de voyage.

5° Les frais de correspondance.

Art. 68. — Les copies visées à l'article précédent sont taxées au prix uniforme de 50 centimes par rôle d'expédition de vingt lignes à la page et de douze syllabes à la ligne, compensation faite entre les lignes et d'une feuille à l'autre.

Les copies doivent être correctes, lisibles et sans abréviations, à peine de rejet de la taxe et de restitution des sommes perçues.

Art. 69. — § 1ᵉʳ. — Les avoués qui sont obligés de se transporter, à plus de deux kilomètres de leur résidence, lorsque leur présence est autorisée par la loi ou demandée par leurs parties, sont indemnisés de leurs frais de voyage et de séjour. Ils reçoivent à ce titre par kilomètre parcouru tant à l'aller qu'au retour :

1° 20 centimes, si le transport a été effectué par voie ferrée ;

2° 60 centimes, si le transport a eu lieu autrement.

§ 2. — Il est alloué, en outre, 20 francs par chaque journée de déplacement.

§ 3. — Si le déplacement de l'avoué n'a lieu qu'à la demande de sa partie, les frais de voyage restent à la charge de celle-ci.

Art. 70. — En toutes matières, il est alloué à l'avoué, tant demandeur que défendeur, pour frais de correspondance de toute nature et d'envoi de pièces par la poste ou autrement, un droit établi à forfait, quel que soit le domicile des parties, au chiffre de 20 francs.

Ce droit est réduit de moitié :

1° Lorsque l'intérêt en cause ne dépasse pas 1.500 francs.

2° Lorsque le tribunal statue sur un jugement rendu par un juge de paix.

3° Si la décision est rendue en référé ou sur requête.

4° Dans les affaires relatives aux accidents du travail.

Il est réduit de trois quarts :

5° Si l'affaire n'a pas été portée à l'audience.

6° Si la procédure suivie entre les mêmes parties est la conséquence ou l'accessoire d'une instance sur demande principale ayant donné lieu à la perception du droit entier.

TITRE II

Droits et émoluments alloués aux avoués des Cours d'appel

Art. 71. — Les dispositions contenues dans les chapitres 1er, 2, 7 et 8 du titre 1er sont applicables aux droits et émoluments alloués aux avoués des Cours d'appel, sauf les modifications résultant des articles ci-après.

Art. 72. — Le droit fixe est de 100 francs, quel que soit l'intérêt du litige.

Ce droit est réduit à 80 francs pour les affaires d'accidents du travail.

Art. 73. — Le droit proportionnel est fixé comme suit :

Jusqu'à 5.000 fr...................... 3 » °/₀

Sur l'excédent jusqu'à 10.000 fr........ 2 50 °/₀

Sur l'excédent jusqu'à 20.000 fr........ 1 50 °/₀

Sur l'excédent jusqu'à 100.000 fr....... 0 75 °/₀

Sur l'excédent jusqu'à 300.000 fr....... 0 30 °/₀

Sur l'excédent jusqu'à 1 million........ 0 20 °/₀

Sur l'excédent au-dessus de un million, indéfiniment...................... 0 10 °/₀

Art. 74. — En toutes matières, et pour toutes procédures, l'intérêt du litige est déterminé, conformément à l'article 6, par l'importance de l'affaire résultant des conclusions prises, y compris l'appel incident, les demandes additionnelles ou reconventionnelles lorsqu'elles sont recevables.

Art. 75. — § 1ᵉʳ. — Pour les demandes mentionnées dans les articles 8 et 9 du présent décret, le droit proportionnel est fixé, suivant les cas, d'après l'intérêt du litige, conformément aux dispositions desdits articles.

§ 2. — Il ne peut être inférieur à 150 francs ni supérieur à 2.000 francs.

Art. 76. — § 1ᵉʳ. — Lorsque l'appel porte sur un jugement avant faire droit.

Il est alloué :

Le droit fixe.

La moitié du droit proportionnel.

Si un arrêt définitif intervient ultérieurement dans la même cause entre les mêmes parties, il est alloué en outre :

Le droit fixe.

La moitié du droit proportionnel.

§ 2. — Lorsque des mesures d'instruction sont ordonnées par la Cour, elles sont tarifées comme il est dit aux articles 23 et 24, mais les droits fixes sont de 30 et de 50 francs, sauf les réductions prévues à l'article 24.

ART. 77. — § 1er. — Pour l'appel d'un jugement sur les incidents visés par l'article 20, à l'exception de l'incident visé par l'article 78.

Il est alloué à chacun des avoués en cause :

Le droit fixe de 50 francs.

Le quart du droit proportionnel.

§ 2. — Pour les incidents de procédure, au cours d'une instance devant la Cour d'appel, il est alloué :

Dans les cas prévus par l'article 20, paragraphes 1 et 2 :

Le droit fixe de 25 francs.

ART. 78. — Lorsque, sur l'appel d'un jugement avant faire droit ou sur incident, la Cour statue au fond, les droits perçus sont, suivant le cas, ceux d'une instance contradictoire, ou par défaut.

ART. 79. — Lorsque l'appel porte sur :

1° Une ordonnance rendue en référé ou sur requête ;

2° Un jugement relatif à une question de compétence ou de renvoi d'un tribunal à un autre.

Il est alloué :

Le droit fixe de 50 francs.

La moitié du droit proportionnel.

Art. 80. — § 1ᵉʳ. — Lorsque l'appel porte sur .

1° Un jugement déclaratif de faillite.

2° Un jugement prononçant l'homologation, l'annulation ou la résolution d'un concordat.

Il est alloué :

Le droit fixe de 50 francs.

La moitié du droit proportionnel prévu à l'article 75.

§ 2. — Le droit proportionnel n'est pas dû à l'avoué qui, en matière de faillite ou de liquidation judiciaire, s'en rapporte à justice.

Art. 81. — Pour tout arrêt rendu sur requête :

Il est alloué :

Le droit fixe de 25 francs.

La moitié du droit proportionnel.

Art. 82. — Le droit de correspondance est fixé à 25 francs.

TITRE III

Dispositions générales et dispositions transitoires

Art. 83. — § 1ᵉʳ. — Le montant cumulé des droits proportionnels à prélever par les avoués en cause ne doit jamais être supérieur à 10 %, devant chaque degré de juridiction :

1° De l'évaluation de l'intérêt du litige dans les instances portant sur un intérêt pécuniaire ;

2° De la somme à distribuer dans les procédures d'ordre et de contribution.

L'émolument global des avoués en cause est ramené à ce taux de 10 °/₀, s'il est dépassé, et le retranchement est supporté par lesdits avoués, au prorata de léurs émoluments. Le retranchement est opéré par les soins de l'avoué le plus ancien.

§ 2. — Si, à l'occasion d'une procédure déjà engagée, il s'élève une contestation qui n'ait pas le caractère d'un incident et qui doive être considérée comme une instance sur demande principale, la taxe en est faite suivant les règles établies ci-dessus pour les instances sur demandes principales, contradictoires ou par défaut.

Il en est de même pour les cas non prévus dans les procédures particulières et autres matières spéciales.

Art. 84. — Tous les avoués sont tenus d'avoir un registre sur lequel ils inscriront, par ordre de date et sans aucun blanc, toutes les sommes qu'ils recevront de leurs parties en indiquant le nom de ces parties et la cause du versement.

Ils représenteront ce registre toutes les fois qu'ils en seront requis et qu'ils formeront des demandes en condamnation de frais, et, faute de représentation ou de tenue régulière, ils seront déclarés non recevables dans leurs demandes.

Ils ne peuvent exiger de droits plus élevés que ceux énoncés au présent tarif, sous peine de restitution, de dommages-intérêts et, s'il y a lieu, d'interdiction.

Art. 85. — Avant tout règlement, les avoués sont tenus de remettre aux parties le compte détaillé des sommes dont elles sont redevables.

Les états de frais doivent faire ressortir distinctement les déboursés et les émoluments.

Ils sont, sauf disposition contraire, formés sur trois colonnes :

1° La colonne spéciale exigée par l'article 21 de la loi du 26 janvier 1892 ; 2° celle des déboursés ; 3° celle des émoluments.

Art. 86. — Le droit de rétention appartient à l'avoué jusqu'au payement de ses frais et s'exerce, tant sur les actes qu'il a faits et les pièces à lui remises pour soutenir le procès, que sur les titres qu'il s'est procurés au moyen de ces avances.

Toutefois, la communication de ces pièces, titres et actes de procédure, peut toujours être faite provisoirement, dans un intérêt reconnu légitime par la Chambre de discipline, à tout officier public ou ministériel mandataire de la partie, à charge, par celui-ci, de s'engager à les rétablir aux mains de l'avoué, lorsqu'ils ne lui seront plus nécessaires.

Art. 87. — Il est interdit aux avoués, sous peine de sanctions disciplinaires, de partager leurs émoluments ou honoraires avec un tiers ; ils ne peuvent en accorder la remise partielle à leurs clients qu'avec l'autorisation de la Chambre de discipline.

Art. 88. — Les difficultés auxquelles l'application du présent tarif pourra donner lieu entre les avoués sont réglées par la Chambre de discipline.

Art. 89. — Les procédures introduites devant les tribunaux et les cours antérieurement à la date de publication du présent décret seront taxées d'après les tarifs anciens.

Art. 90. — Sont abrogées, en ce qu'elles ont de contraire au présent décret, les dispositions suivantes :

Les articles 67 à 79 et 81 à 151 du premier décret du 16 février 1807, contenant le tarif des frais et dépens pour le ressort de la Cour d'appel de Paris ;

Le tarif des frais de taxe faisant suite au deuxième décret du 16 février 1807, relatif à la liquidation des dépens.

Le troisième décret du 16 février 1807, les décrets des 12 juin 1856, 30 avril et 13 décembre 1862, en tant qu'ils ont rendu communes à plusieurs cours d'appel et tribunaux les dispositions ci-dessus visées du tarif du 16 février 1807, pour la Cour d'appel et les tribunaux du ressort de la Cour de Paris, et en ont fixé la réduction pour les autres.

Les articles 7 à 19 de l'ordonnance du 10 octobre 1841, contenant le tarif des frais et dépens relatifs aux ventes judiciaires des biens immeubles.

L'article 5 du décret du 9 mai 1893, portant règlement d'administration publique, en exécution de l'article 4 de la loi du 16 mars 1893 relative à la publicité à donner aux décisions prononçant une interdiction ou nommant un conseil judiciaire.

Le décret du 26 décembre 1898 relatif aux copies de pièces dues aux avoués.

ART. 91. — Le garde des sceaux, ministre de la justice, est chargé de l'exécution du présent décret, qui sera publié au *Journal officiel de la République française* et inséré au *Bulletin des lois*.

Fait à Paris, le 29 Décembre 1919.

R. POINCARÉ.

Par le Président de la République :

Le Garde des Sceaux, Ministre de la Justice,

Louis NAIL.

IMPRIMERIE

MAULDE, DOUMENC & Cie

RUE DE RIVOLI, 144 — PARIS

www.ingramcontent.com/pod-product-compliance
Lightning Source LLC
LaVergne TN
LVHW012308050726
842524LV00004B/1272